Bibliografische Information der Deutschen Nationalbibliothek
Die Deutsche Nationalbibliothek verzeichnet diese Publikation
in der Deutschen Nationalbibliografie;
detaillierte bibliografische Daten sind im Internet
über http://dnb.d-nb.de abrufbar.

Das Wort **Duden** ist für den Verlag
Bibliographisches Institut GmbH als Marke geschützt.

Alle Rechte vorbehalten.
Nachdruck auch auszugsweise, vorbehaltlich der Rechte,
die sich aus den Schranken des UrhG ergeben, nicht gestattet.
© Duden 2011; Nachdruck 2013   D C B
Bibliographisches Institut GmbH
Dudenstraße 6, 68167 Mannheim
Redaktionelle Leitung: Nina Schiefelbein, Annette Güthner
Lektorat: Sophia Marzolff
Fachberatung: Ulrike Holzwarth-Raether
Herstellung: Claudia Rönsch
Layout und Satz: Michelle Vollmer, Mainz
Illustration Lesedetektive: Barbara Scholz
Umschlaggestaltung: Mischa Acker
Druck und Bindung: Print Consult GmbH
Oettingenstraße 23, 80538 München
Printed in Czech Republic
ISBN 978-3-411-71076-8

Klarer Fall für Anna Blum!

Jutta Wilke

mit Bildern von Catharina Westphal

Dudenverlag
Mannheim · Zürich

Ich bin Anna.
Anna Blum.
Ich habe eine Brille
und einen großen Bruder.

Mein Bruder heißt Paul.
Paul hat keine Brille.
Er hat eine Zahnspange.

1. Fall: Was trägt Anna? Lies rückwärts!

ELLIRB

Heute beschließe ich,
Detektivin zu werden.
„Aber du bist doch
ein Mädchen!", sagt Paul.

  EILLRB

  ERILLB

„Na und?", sage ich.

„Auch Mädchen können Detektiv sein."

Zuerst male ich ein Schild
und hänge es an meine Tür:
„Anna Blum, 7, Detektivin.
Ich löse jeden Fall."

Jetzt muss ich nur noch
auf meinen ersten Fall warten.
So lange packe ich schon mal
meine Detektivtasche.

Eigentlich ist es
Omas alte Handtasche.
Ich lege alles hinein,
was ein Detektiv braucht.

Einen Notizblock, einen Stift
und ein Stück Schnur.
Zur Vorsicht packe ich noch
zwei Pflaster ein.

Jetzt fehlt nur noch
eine Lupe.
Ich finde eine
auf Mamas Schreibtisch.

Ich nehme meine Tasche
und laufe los.
Auch als Detektivin
muss ich in die Schule gehen.

Unterwegs treffe ich
eine Katze.
Ein Hund springt fröhlich
hinter ihr her.

Ein Müllauto
fährt an mir vorbei.
Ich winke dem Fahrer
und er winkt zurück.

2. Fall: Wie hüpft Anna auf dem Weg zur Schule?

 ▽ von einem Bein aufs andere

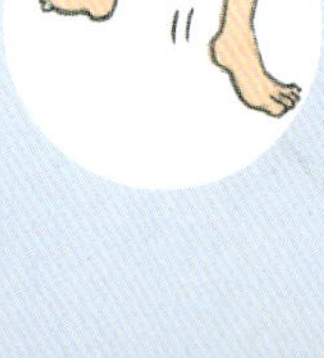

Ich hüpfe ein wenig
auf einem Bein.
Der Weg in meine Schule
ist schön.

 ▽ auf einem Bein

  auf zwei Beinen

An der nächsten Straßenecke steht ein Junge und weint.
„Warum weinst du denn?",
frage ich den Jungen.

„Oskar ist weg!",
schluchzt der Junge.
„Eben war er noch da
und jetzt ist er weg."

„So so", sage ich.
Das sagen Detektive,
wenn sie nachdenken.
Und ich denke nach.

Ich frage den Jungen:
„Wer ist Oskar?"
„Oskar ist mein Hund",
schnieft der Junge.

„Ich war beim Bäcker.
Oskar war draußen angebunden.
Als ich wieder rauskam,
war nur noch die Leine da."

3. Fall: Vor welchem Laden wird Oskar angebunden?

vor einem Buchladen

Ich hole den Block und
den Stift aus meiner Tasche.
„OSKAR = 1 Hund",
schreibe ich.

 vor einem Gemüseladen

 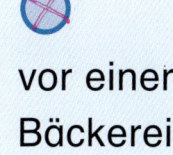 vor einer Bäckerei

„Welche Farbe hat Oskar?",
frage ich.
Der Junge schluchzt:
„Weiß."

Ich notiere: „FARBE: weiß"
Dann nehme ich die Lupe
und betrachte die Hundeleine.
Das Ende ist abgerissen.

Da fällt mir etwas ein.
„Mag dein Hund Katzen?",
frage ich.
Der Junge nickt.

Ich nehme ihn an der Hand
und zeige ihm die Stelle,
wo ich den Hund und die Katze
gesehen habe.

Und plötzlich hören wir
in der Nähe ein Bellen.
„Oskar!", ruft der Junge
und rennt los.

Dann nimmt er seinen Hund
fest in die Arme
und knotet die Leine
wieder zusammen.

„Danke! Danke!",
sagt er.
Ganz glücklich
sieht er jetzt aus.

„Oh bitte, bitte",
antworte ich.
Dann gehe ich
zufrieden weiter.

Ich bin richtig
stolz auf mich.
Schließlich bin ich erst
seit heute Detektivin.

Trotzdem habe ich schon meinen ersten Fall gelöst. Paul wird staunen.

Was sagst du dazu?

**Was ist dein Traumberuf?
Male oder schreibe auf, was du dafür alles können musst.**

Schicke uns deine Antwort! Als Dankeschön verlosen wir unter den Einsendern zweimal jährlich tolle Buchpreise aus unserem aktuellen Programm! Eine Auswahl der Einsendungen veröffentlichen wir außerdem unter www.lesedetektive.de.

Bibliographisches Institut GmbH
Duden – Kinder- und Jugendbuchredaktion
Kennwort: **Anna Blum**
Postfach 10 03 11
68003 Mannheim

E-Mail: lesedetektive@duden.de

Lesedetektive von Duden: Leseförderung mit System

Erstlesebücher
1. bis 4. Klasse. Jeweils 32 oder 48 Seiten. Gebunden.

- Spannende und originell illustrierte Geschichten
- Abgestuft in Textmenge, Schriftgröße und Schwierigkeitsgrad
- Der Lesedetektiv fördert mit Fragen gezielt das Textverständnis
- Mit Detektivwerkzeug zur Entschlüsselung der Antworten

Lesedetektive. Mal mit!
1. und 2. Klasse. Jeweils 64 Seiten. Broschur.

- Neuartige Kombination aus Erstlese- und Malbuch für kreative Leseförderung
- Das Kind vervollständigt die Illustrationen selbst anhand des Textes
- Der Lesedetektiv hilft durch gezielte Aufgaben, die zeichnerisch gelöst werden

Lesedetektive gibt es auch zum Vorlesen ab 2 bzw. 4 Jahren und als Abc-Geschichten ab 5 Jahren

Weitere Informationen zu allen Titeln auf www.lesedetektive.de